ZENSHO W. KOPP

El ascenso de la luz interior

Nuestra vida es tan fugaz y efímera como una gota de rocío que pende de la punta de una brizna de hierba.

Todo el universo está sometido a un proceso constante de cambio y, por tanto, es impermanente. Pero su verdadera esencia es la inmutabilidad; es lo eterno y, por tanto, lo inmortal.

La meditación nos abre el acceso al espacio interior infinito, que se nos revela en su eternidad intemporal.

Permite que la mente madure en una conciencia constante de la presencia de la totalidad de la realidad divina que nos abraza y nos llena a todos. En esta experiencia se disuelve la dualidad del samsara y el nirvana.

Tu Ser Verdadero es la realidad del ser puro que se revela cuando el pensamiento está en silencio.

Es el ente primordial del Ser Divino, que brilla y existe por sí mismo eternamente, que subyace en los tres estados: la vigilia, el sueño y el sueño profundo.

En cada ser humano esta luz divina brilla como el Verdadero Sí-Mismo.

El objetivo de todo el alto misticismo es que alcanzando la claridad espiritual veas a través de la naturaleza vacía de todos los fenómenos y despiertes a la realidad superespacial-temporal de la Mente Única.

Ve las cosas como realmente son, y date cuenta de que todo es una revelación de la realidad de la Mente Única.

La verdadera meditación Zen es un estado de conciencia de espectador neutral. Tú, como observador silencioso detrás de toda experiencia, eres solo un testigo de lo que está sucediendo.

Tus pensamientos, que pasan por tu propia mente, son como nubes a la deriva que surgen y se van. Son ilusorios y no tienen un ser real.

Al alcanzar una conciencia completamente indivisa que more en ti mismo, en la nada alcanzas una clara percepción de tu Ser Verdadero.

Reconectar con este Ser Verdadero, como nuestro núcleo más íntimo del existir, y ser uno con él, es el objetivo mismo de nuestra existencia humana.

El ser existente por sí mismo de la Mente Única es la luz de tu naturaleza búdica original y el ser más íntimo de todas las cosas.

Toda tu experiencia del mundo no es más que una proyección de tu conciencia discriminatoria. Detrás de ella -más allá del nacimiento y la muerte- tu Ser Verdadero brilla con una claridad intacta.

Impulsado por la energía habitual de su conciencia condicionada, el hombre vaga perdido en el ciclo del nacimiento y la muerte.

Cualquier cosa que logre en la vida no puede darle una satisfacción final y duradera. Esto lo experimentará solo cuando haya alcanzado su Verdadero Sí-Mismo.

Morir en el oscuro abismo de la nada divina es el gran despertar a la realidad de nuestro Ser Verdadero.

Porque el secreto de la inmortalidad es la unidad con Dios.

El despertado ha roto así el poder del nacimiento y la muerte y se experimenta a sí mismo como la realidad eterna e inmortal, como la luz radiante de la Mente Única.

En la meditación Zen te sumerges en la experiencia de tu propio ser. Aquí se abre el reconocimiento sin imágenes de la Realidad que todo lo impregna.

A la luz de esta realización pura todo lo que no eres se disuelve y tu Verdadero e inmortal Sí-Mismo se revela.

Tu mente se tranquiliza y se aclara cuando la dejas morar en la extensión abierta de la presencia absoluta del aquí y el ahora,
e impides que se vea afectada por otros elementos.

Mira tus pensamientos con una conciencia que no piensa. Cuando te quedas en silencio en tu interior y observas constantemente tu propia mente, este es el verdadero camino hacia la liberación.

El verdadero Zen es siempre dueño de sí mismo y no se hace esclavo de los sentimientos humanos.

Solo cuando tienes paz interior puedes despertar. Por lo tanto, alcanza una conciencia de observador no involucrado detrás de todas las experiencias para que, descansando en ti mismo, puedas alcanzar un inquebrantable reflejo sereno de la mente.

Si tu mente es pura y vacía, entonces todas las cosas son puras y vacías.

En realidad, no hay problemas, sino solo pensamiento independiente y discriminatorio. Pero la mente no puede comprender esto, porque solo es pensamiento.

Pero cuanto más retrocede el pensamiento, aparecen por sí solas la serenidad y la claridad de la mente: el estado natural de tu Ser Verdadero.

Yo soy Buda y tú eres Buda. No hay otro Buda. Somos Buda porque no existe nada más que Buda, el Verdadero Sí-Mismo.

En la comprensión de que Buda es la propia mente como nuestro Ser Verdadero, se revela el secreto del Zen.

Encontrar a Dios es reconocerlo y ser absolutamente uno con Él. Sin embargo, no se trata de una percepción sensual, ni de una percepción intelectual, sino de una experiencia inmediata y puramente espiritual.

El amante de Dios, inmerso en la contemplación mística, que lo reconoce en su realidad desvelada, se experimenta tan completamente en unidad con él que se experimenta como Dios.

En la lejanía inconmovible de la Mente, estás en la plenitud del Ser y tu mente está vacía y clara.

Puesto que tu Verdadero Sí-Mismo es tan puro y brillante como el sol, solo tienes que procurar que tu mente esté completamente relajada, amplia y abierta como el cielo, para que brille la realización de tu Ser Verdadero.

A través de la conciencia momentánea constante podemos romper el poder de todos los pensamientos y conceptos engañosos y alcanzar la claridad mental.

En la presencia absoluta del aquí y ahora, entras en el espacio-tiempo del Ser puro y te das cuenta de que el momento presente es infinito.

El reino de Dios no hay que buscarlo. Porque siempre está presente en ti como tu inmortal y verdadero Sí-Mismo.

Aquí y ahora, más allá de la percepción dualista de sujeto y objeto, el verdadero Sí-Mismo se revela como la eterna fuente original de todo.

Tu mente se aclara al ver mediante la naturaleza ilusoria de todas las apariencias.

Todo lo que percibes son solo apariencias de tu propia mente y, en consecuencia, de la mente en sí. Nada viene de fuera de la mente.

Si reconoces tu Verdadero Sí-Mismo, entonces dondequiera que mires, todo es la Realidad única.

Cuando te das cuenta de tu Ser Verdadero, eres capaz de estar vacío por dentro y en armonía con el exterior.

Por lo tanto, haz que tu mente sea pura y clara como un espejo que refleja todo sin identificación ni apego, y estarás por encima de todos los enredos mundanos.

Para llegar a la realización de tu Ser Verdadero, la mente distraída e inquieta debe quedarse silenciosa y clara.

Si estás en silencio y hay claridad dentro de ti, de modo que las cosas externas no te afecten, te das cuenta por ti mismo de la profunda experiencia de la conciencia no intencionada.

Cuando así, tu profunda y clara autoconciencia sea inmutable, estarás en gran paz en todas partes y en todo momento.

Solo a través de la clarividencia de la mente alcanzada en la meditación Zen es posible liberarse del dualismo del pensamiento discriminatorio.

A través de este poder del no-pensamiento, la mente brilla como el cielo claro en la extensión y el vacío ilimitados, y nada es capaz de oscurecerla ya.

Ser tocado una vez por el amor divino en la contemplación mística interior vale mucho más que el conocimiento de todas las sagradas escrituras y filosofías.

Así que transforma tu deseo de comprensión intelectual en una conciencia silenciosa de tu naturaleza fundamental.

Vuelve tu mente hacia el interior y sumérgete en la pura felicidad.

En la naturaleza inmutable de la mente, donde las apariencias, la conciencia y la vacuidad son una unidad perfecta auto-existente, no hay separación entre el samsara y el nirvana.

Esta dimensión primordial pura de tu mente es la naturaleza inmutable de la gran vacuidad, que está más allá de la existencia y la no existencia.

Cuando las percepciones sensoriales no te engañan, ves que todas las cosas son la luz de la mente. Con gran claridad y una conciencia abierta y sin esfuerzo, trasciendes el mundo ordinario.

Cuando te has hecho uno con el Ser fundamental, entonces experimentas que la Mente verdadera es un vacío impasible, ilimitado y luminoso, y que su auténtica naturaleza está libre de nacimiento y muerte.

La verdadera Auto-Mente es la naturaleza vacía y radiante del Ser.

Esta luz eternamente radiante de la Mente Única es nuestro verdadero Yo. Está completamente desligado de las ilusiones de las diversas manifestaciones de una existencia espacio-temporal y de sus múltiples formas de existencia.

La meditación es un profundizamiento consciente en el terreno interior. Aquí tomas conciencia de tu ser inmortal y verdadero, y pierdes todo el miedo a la muerte.

Pero solo con la bendición de la gracia divina es posible despertar del sueño del nacimiento y la muerte.

La liberación de la compulsión independiente de pensar ocurre únicamente a través de la presencia absoluta de la mente en el momento presente.

A través de este poder de la conciencia interior te elevas por encima de la ilusión del espacio y el tiempo y de todos los apegos.

Cuando te liberes así de tu compulsión discriminatoria de pensar y comprendas la naturaleza original de tu propia mente, entonces cesará todo el no-conocimiento.

En el silencio de la contemplación mística se revela tu Ser Verdadero sin nacimiento y sin muerte.

Siempre estás en la eternidad, aunque no seas consciente de ello. Solo tu pensamiento crea la idea de temporalidad.

Mira en tu propio centro, porque la verdad que buscas está más cerca de ti que tú mismo.

Todo el mundo exterior de la apariencia es solo una proyección en la conciencia. Solo tiene un ser relativo, como un espejismo.

Pero la cuestión ahora no es que debamos rechazar el mundo exterior, sino que debemos cambiar nuestra actitud hacia las cosas y así disolver todo apego a ellas.

El camino del desprendimiento interior de todo lo que no es Dios conduce directamente a la luz divina.

Esta experiencia de la luz divina es la revelación del amor divino y ocurre solo por gracia.

Cuanto más dispuesto esté el hombre a entregarse al Absoluto, más gracia le llegará como obra del Ser Divino.

Al morir en el abismo de la nada divina, se te revela tu rostro original antes de tu nacimiento.

La muerte puede sorprendernos sin avisar, estemos o no preparados para ello. Así que, muere antes de morir, para que tu ojo interior se abra antes de que el exterior se cierre para siempre.

El mundo externo de la apariencia es el juego de la mente. Si lo crees real, te engañas con las propias apariencias de la mente.

Todo no es más que un juego ilusorio. La mente es la única realidad, y fuera de la mente no existe nada en absoluto.

El Zen siempre apunta con inmediatez solo al estado original de nuestro Ser Verdadero, directo e inmediato.

En el fondo del corazón no hay separación entre tú y Dios. Aquí estás unido a Dios. La experiencia de esta unidad que transforma todo tu ser es la revelación de lo que siempre has sido, eres y serás eternamente.

Si quieres ser partícipe de la gracia, como obra del amor divino, entonces no hay otro camino que retirarte en tu propio hacer y querer, para que el amor divino pueda obrar en ti.

Conviértete en un recipiente vacío para que puedas llenarte de la plenitud del Ser Divino.

Haz que tu mente esté completamente libre del antes y el después, que esté sin ninguna limitación, y no te aferres a nada.

Actúa y permanece en el no hacer; esto es una acción correcta en armonía con el Tao.

Habita en medio de las cosas, sin dejarte influir por ellas, y estarás en armonía con el cielo y la tierra.

El camino del Zen requiere una gran determinación y fuerza mental, así como una intensidad ininterrumpida de concentración de la conciencia despierta.

Requiere que con gran determinación hagas que tu mente esté perfectamente clara y libre de todas las ilusiones y obstáculos, para que toda acción y esfuerzo surja de lo fundamental.

Cuando en tu inmersión mística alcanzas el límite de la vida y la muerte, entras en el silencio absoluto y tu mente se expande hacia lo ilimitado.

Esta experiencia transformadora de nuestra verdadera naturaleza original, más allá del nacimiento y la muerte, es el gran despertar del sueño de un mundo tridimensional y espacio-temporal.

Puesto que todo es impermanente y no permanente, esfuérzate con todas tus fuerzas por alcanzar tu Sí-Mismo imperecedero y eterno.

El verdadero Sí-Mismo brilla con luz propia. Su poder es infinito y va más allá del conocimiento de los sentidos. Es la fuente de toda experiencia y quien la alcanza se libera del nacimiento y la muerte.

En el centro mismo de nuestro ser brilla la eterna luz divina. Por lo tanto, la experiencia más elevada de la vida es el despertar a este, nuestro Verdadero Sí-Mismo.

En el silencio interior, tu mente es iluminada por la luz divina y abrazada en misteriosa plenitud de amor.

Permanecer en la contemplación silenciosa de tu propio y Verdadero Sí-Mismo es el auténtico profundizamiento.

Esta percepción del fundamento eterno del Ser es una escucha de la inagotable profundidad divina. Es el llegar a ser uno con lo eterno dentro de nosotros.

Al profundizar en la sima de tu propio ser experimentas la presencia divina en ti y en todas las cosas.

Solo en ti mismo se revela el secreto de todos los secretos.

El verdadero autoconocimiento es el verdadero conocimiento de Dios.

La realización más elevada del espíritu reside en el conocimiento puro de sí mismo como Realidad eterna y suprema y en la unión absoluta con ella en el amor perfecto.

El amor puro siempre busca la abolición de todos los opuestos, ya que se afana por alcanzar la unidad perfecta.

El poder del amor divino no deja que tu corazón descanse hasta que se hunde completamente en Dios.

Cuando has superado así la oscuridad del no-conocimiento a través de la pureza de tu Ser Verdadero, finalmente cortas tu atadura con el nacimiento y a la muerte.

A través de la inmersión constante y devota en tu razón interior, alcanzas el conocimiento omnipresente de la realidad eterna, que experimentas en la profundidad de tu conciencia como un ser dichoso.

En este interior brilla la luz divina que rompe la oscuridad.

Solo en tu interior encuentras la tranquilidad y la verdadera paz, porque allí estás constantemente unido al Ser divino.

La fuente de tu conciencia no tiene forma y es invisible. No hay manera de describirla ni de pensarla. Solo se puede experimentar directamente.

Más allá de toda comprensión racional, estás inmerso en la experiencia trascendente de la Gloria Divina.

En la quietud de la conciencia interior entras en el Infinito.

Para que tu mente se abra y se aclare, debes desechar todo pensamiento dualista y dejar que la luz de la mente pivote y brille sobre sí misma.

Cuando cesa así la confusión y la inquietud en la mente, surge la claridad tranquila. En esta quietud aparece por sí misma la sabiduría trascendente.

Si realmente quieres despertar a tu verdadera naturaleza, entonces debes tener una confianza ilimitada en la realidad divina.

Porque solo en tu completo dejar ir y morir en el terreno divino se revela la Luz que todos buscamos. Inaccesible a los sentidos y a la mente, es la gloria radiante de nuestro Verdadero Sí-Mismo.

La sabiduría y el amor van inseparablemente unidos. Porque sin amor no puede haber sabiduría, y sin sabiduría no hay verdadero amor.

En la realización de la igualdad de los seres, te mantienes en el amor omnipresente y acoges a todos los seres en tu corazón.

Cuanto mayor sea tu confianza en la realidad divina, mayor será tu devoción.

Lo que importa en el momento de la muerte es una confianza ilimitada en la realidad divina. Es una certeza que no moriremos en la nada sino en la gloria infinita del Ser divino.

Si tu mente está vacía y clara en la conciencia sin esfuerzo de sí misma, entonces alcanzas la conciencia omnímoda.

Para poder entrar en la experiencia trascendente de la Iluminación se requiere, sobre todo, determinación. Requiere que tu mente se vuelva clara e inamovible para poder cortar el ciclo de nacimiento y muerte.

La verdadera ecuanimidad significa que permaneces en tu firmeza mental en todas las situaciones de la vida cotidiana.

Estés donde estés y hagas lo que hagas, vuélvete siempre hacia dentro y habita en la claridad mental de tu Verdadero Ser.

Practica constantemente el mantenimiento de este estado de conciencia pura tal como es.

La autoconciencia pura y clara de la mente es una extensión ilimitada y abierta en la que todos los fenómenos se disuelven naturalmente sin dejar ninguna impresión duradera.

Pero quien se aferra a las cosas sin darse cuenta de que solo son mente, está encadenado a sí mismo y no se da cuenta de la verdadera naturaleza vacía del Ser.

La devoción absoluta a la Divinidad es un giro hacia el interior en un olvido de ti mismo y de todas las cosas. Si tu devoción es lo suficientemente profunda, te envuelve la gracia divina.

Si la luz divina del conocimiento se eleva así en tu corazón, te elevará a la dicha eterna.

Tu Ser Verdadero es la conciencia intemporal, que eclipsa toda dualidad.

Pero la mente-conciencia es engañada por una multitud de objetos sensoriales. Su falacia es ver el Uno indivisible, como separado.

Pero en la conciencia pura de la mente descansas en el estado básico original de la igualdad, donde los objetos de los sentidos y la conciencia se experimentan como uno.

Tú eres, en lo más profundo de tu ser, la Realidad divina absoluta. Es el Ser eterno fundamental en el que se originan todos los fenómenos del universo.

Este Verdadero Sí-Mismo divino es la luz divina en tu interior por la que vives, eres consciente y que te permite percibir el mundo.

Pie de imprenta

Primera edición 2022

Título original "Der Aufgang des inneren Lichtes"
publicado por Spirit Rainbow Verlag, Aachen, Alemania 2021

Todos los derechos reservados
No puede reproducirse ni publicarse este libro ni partes del mismo sin permiso expreso del autor. Impreso en Alemania.

Créditos de las fotos: shutterstock por Vladimir Kim
www.shutterstock.com/de/g/vladimirkim3722

Idea y diseño original: Verena Kopp
Edición de imágenes: Reinhard Zanella, Sandro Hölzel
Traducción: Ignacio Vega
Maquetación: Reinhard Zanella
Diseño de la cubierta: Reinhard Zanella
Foto de la contraportada: Axel Jung

© 2023, Zensho W. Kopp

Producción y publicación:

BoD - Books on Demand, Norderstedt

ISBN: 9783734716188

Zensho W. Kopp, nacido en 1938, es uno de los maestros espirituales más autorizados de la actualidad y enseña una vía contemporánea de realización espiritual.

Autor de renombre internacional y con numerosos libros espirituales y audiolibros, enseña a una gran comunidad de estudiantes y dirige el Centro Zen Tao Chan en Wiesbaden, Alemamia.

Tao Chan Zentrum e.V., Asociación sin ánimo de lucro, Wiesbaden, Alemamia.

Dos veces al mes, el Centro Zen Tao Chan organiza una velada Zen en línea con una charla del maestro Zen Zensho W. Kopp, a la que también pueden asistir los interesados. También existe la posibilidad de hacer preguntas personales al maestro Zen Zensho.

Inscripción en la velada Zen en línea:
www.tao-chan.org/es/eventos/eventos-jornada-zen.html

Centro Zen Tao Chan
www.youtube.com/@centrozentaochan

Para disfrutar del contenido y las charlas del Maestro Zensho, suscríbase gratuitamente aquí: www.youtube.com/@centrozentaochan

Facebook Centro Zen Tao Chan www.facebook.com/centrozentaochan

Otros libros de Zensho W. Kopp
también disponible eBook / Versión Kindle

El arte moderno Zen, Pinturas y aforismos de un Maestro zen occidental. 124 páginas, 16,50 €

Las Iluminadas Dimensiones de lo Divino, Cuadros y aforismos de un maestro Zen. 140 páginas, 10,50 €

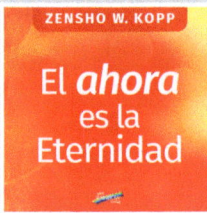

La radiante claridad de la mente
138 páginas, 9,80 €

Vida desde la plenitud interior
116 páginas, 9,80 €

El poder del silencio interior
104 páginas, 9,80 €

El ahora es la Eternidad
114 páginas, 9,80 €

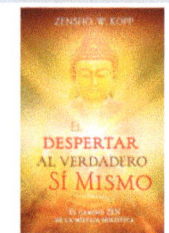

Las imágenes de los bueyes del Zen
212 páginas, 9,95 €

La vida verdadera mediante el ZEN
140 páginas, 10,99 €

El despertar al Verdadero Sí Mismo
140 páginas, 11,99 €

Lao-tse Tao Te King El libro del Tao y su Virtud
120 páginas, 9,95 €

Todas las publicaciones de Zensho pueden encontrarse y adquirirse aquí:
www.tao-chan.org/es/